[illegible]ÈGE INSTRUMENTAL
PRATIQUE

EXERCICES D'ENSEMBLE GRADUÉS.

à l'usage des

FANFARES

et des

MUSIQUES D'HARMONIE

PAR

Emile PORCHET

PARTITION

Prix net : 5 Francs

Parties séparées net 1f25

Les Parties séparées paraitront dans le courant du mois d'Octobre 1882.

EMILE PORCHET, Editeur, 28, rue de Sévigné, à Paris.
Propriété pour tous Pays.
1882

NOTE DE L'EDITEUR

Cet ouvrage est destiné aux FANFARES et aux MUSIQUES D'HARMONIE.

On n'y trouvera pas de nombreux développements théoriques, une longue expérience de l'enseignement musical ayant surabondamment démontré à l'auteur, qu'une explication verbale du Professeur, faite *au moment opportun* était préférable à des pages de texte que l'élève lit le plus souvent sans les comprendre.

Pour suivre avec fruit les études de ce livre, l'élève devra préalablement connaître les éléments de la notation musicale et du solfège. Ces connaissances préliminaires seront enseignées par le Professeur à l'aide du tableau noir qui est un excellent auxiliaire pour la démonstration.

Avec l'aide de cet ouvrage, le Professeur pourra, en consacrant une partie de chaque leçon aux élèves, mettre rapidement ces derniers à même de prendre part à l'exécution d'ensemble.

Messieurs les chefs de musique convaincront facilement leurs élèves que l'étude raisonnée et suivie du solfège constitue le seul moyen d'arriver sûrement et promptement à une exécution correcte La routine est non seulement un obstacle au progrès, elle a surtout pour effet d'enrayer et de rendre extrêmement pénible l'étude de la musique d'ensemble.

Rendre moins aride au début l'étude du solfège.

La présenter d'une façon aussi attrayante que possible par l'exécution immédiate de morceaux d'ensemble très faciles et présentant de l'intérêt.

Faciliter la tâche du Professeur.

Tel est le but que l'auteur s'est efforcé d'atteindre en écrivant ce livre.

E. P.

EXERCICES PRÉLIMINAIRES D'INTONATION

à faire exécuter par tous les instruments de même tonalité

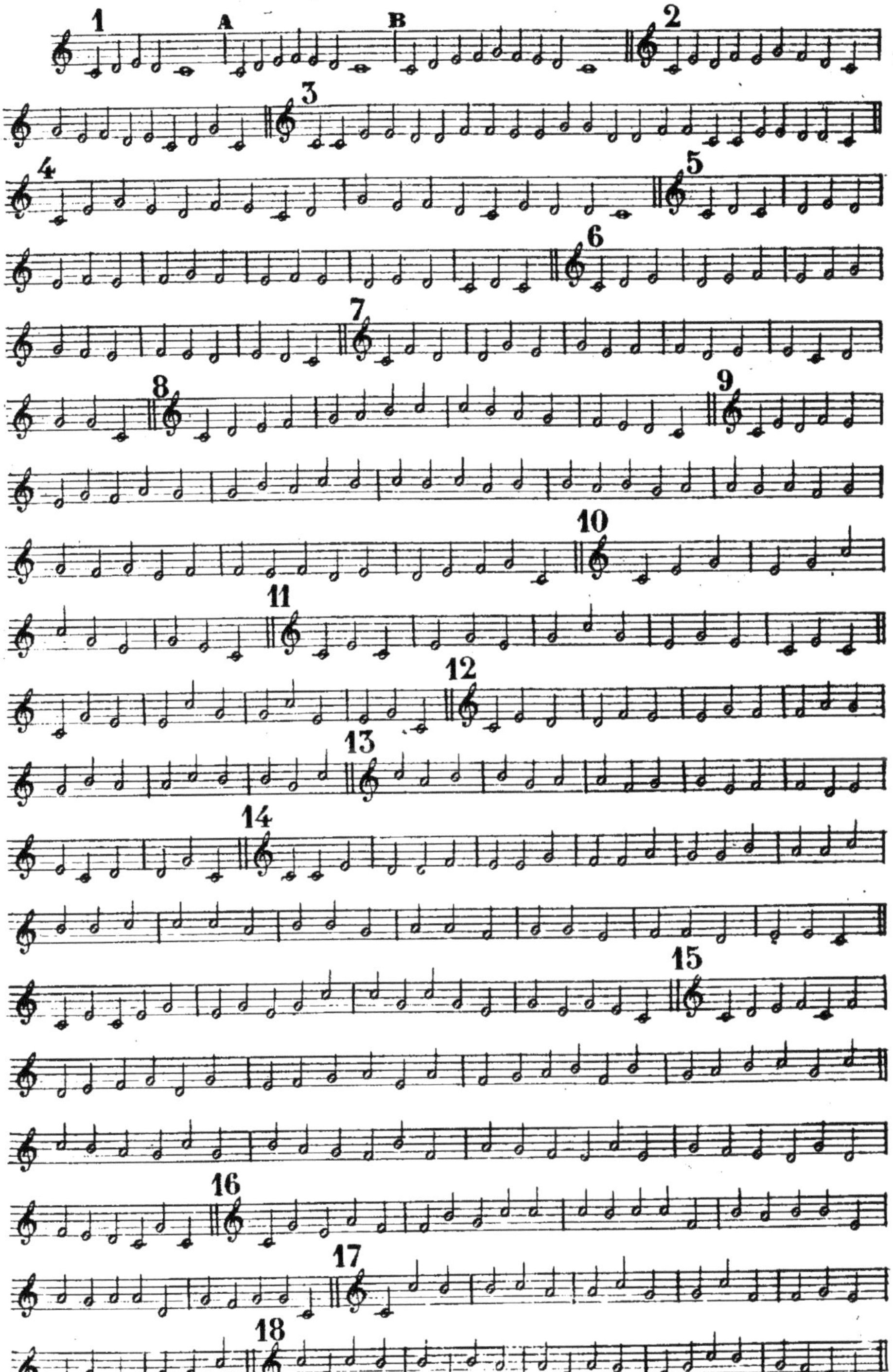

NOTES ALTERÉES (Etude du ♯ et du ♭)

ETUDE DE LA MESURE

EXERCICES D'ENSEMBLE A L'UNISSON

La 1re ligne de l'accolade doit être jouée par tous les instruments en Si ♭. La 2e par tous les instr: en Mi ♭.

MESURES A DEUX TEMPS 2/4

(1) Les virgules indiquent les respirations

14
15
16
17 LIAISONS (Notes semblables)
Soutenir le son sur la 2e note sans la répéter
18
19
Faire la 2e note sans coup de langue
20
21 SYNCOPES
22
23 PAUSES Silence d'une mesure
A
B

24
A
25
26
27
28
29
30
31
32
33

LEÇONS D'ENSEMBLE À QUATRE PARTIES

La 1re Partie sera jouée par les Pistons, Bugles et les instruments en Si ♭ aigu.
La 2me Partie sera jouée par les Altos, Cors et les instruments en Mi ♭ du médium.
La 3me Partie sera jouée par les Barytons, Trombones en Si ♭, Saxophones Ténors
La 4me Partie sera jouée par les Basses et Contre-Basses en Si ♭ et les Ophicléides en Si ♭

Nota: Il existe une partie spéciale pour les Trombones et les Ophicléides en Ut

APPLICATIONS DES EXERCICES PRÉCÉDENTS.

37 La même transposée
38
Andno

39 Modto
40 Modto
41 Modto
MODE MINEUR

MESURES À TROIS TEMPS $\frac{3}{4}$

53

54

55

56

57

58

59

60

LEÇONS À QUATRE PARTIES

p
p
p
65 MARTINI Mod^to
mf Mode Mineur
mf
mf

66 Modto
p MODE MINEUR
p
p
67 Allo
f
f
f
ff
ff
ff
68 Andante
p
p
p
f
f
f
f
f
f

MESURES A QUATRE TEMPS C

LEÇONS D'ENSEMBLE

MESURES À QUATRE TEMPS C

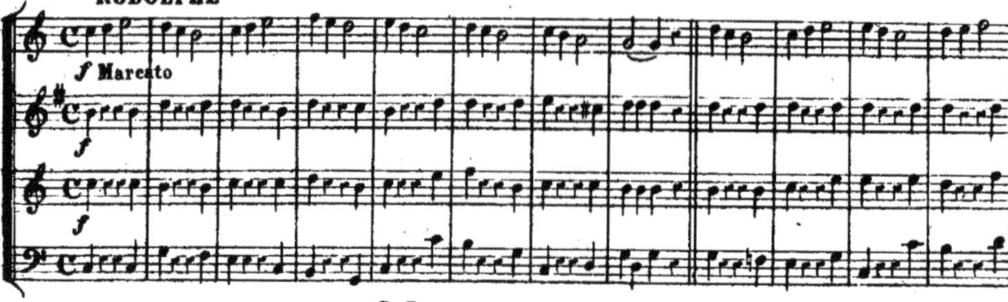

84 Maestoso

ff

ff

ff

(1) 85 CHORAL DE LUTHER

ff Le point d'orgue indi-

ff Maestoso.

ff

(1) On peut commencer une phrase musicale par une mesure incomplète. Dans ce cas, la dernière mesure ne doit contenir que le nombre de valeurs nécessaires pour compléter la première. Cette règle n'est pas absolue.

86 Maestoso
ff Attaquez vigoureusement chaque note
pp
cres
f
ff
87 Maestoso
ff Mode Mineur
88 RINCK
pp Andante
mf
p

LEÇONS DIVERSES

dans les différentes mesures.

93
And^te
p
p
p
p
p
94
Adagio
p
p
p
p
95
La même transposée dans une tonalité facile
Adagio
pp
pp

96 RINCK Allegretto
p Mode Mineur
p
p
97 FLEUVE DU TAGE
p Andante
p
p
98 Religioso
pp
pp
pp

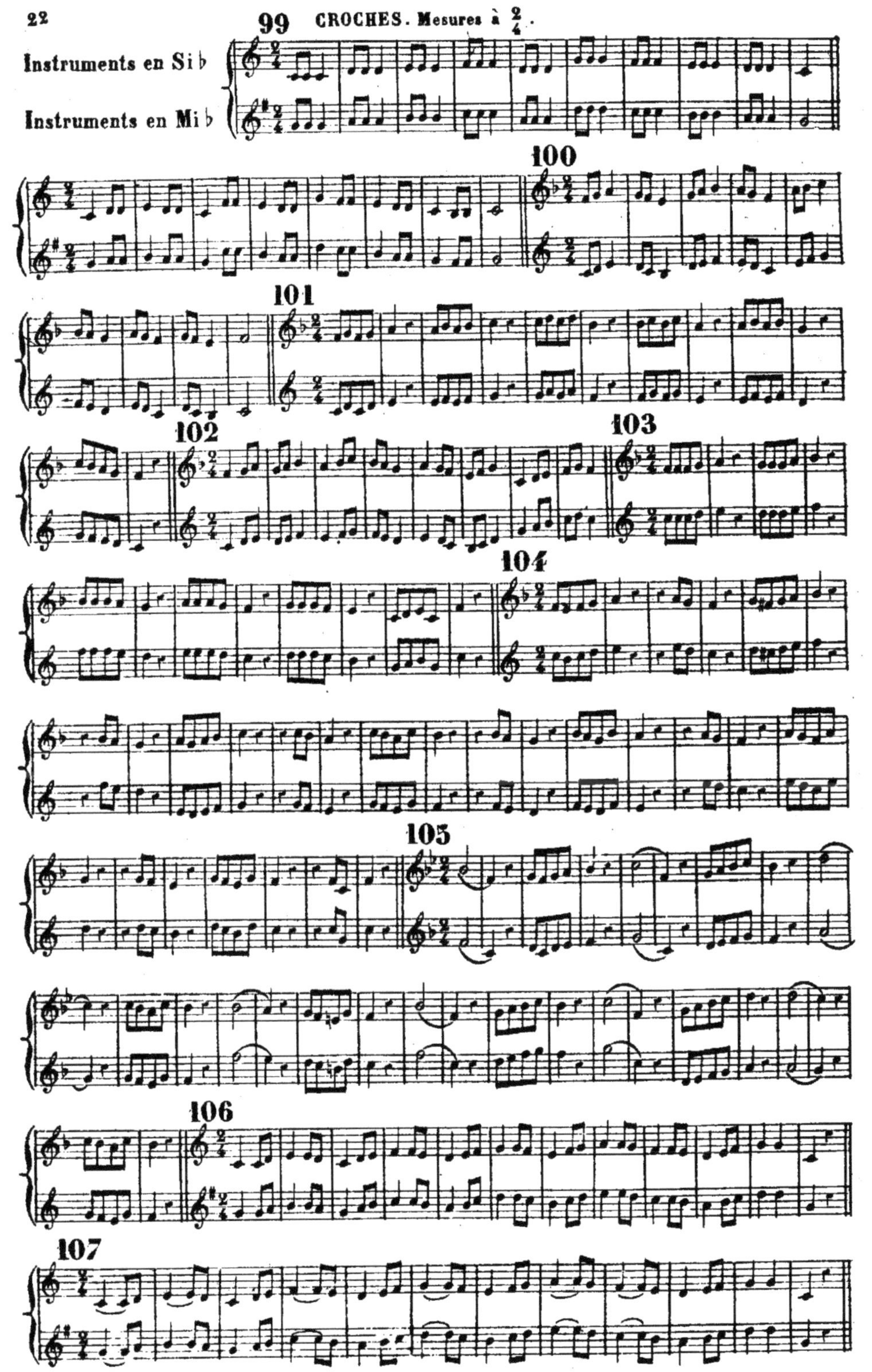
99
CROCHES. Mesures à 2/4.
Instruments en Si ♭
Instruments en Mi ♭
100
101
102
103
104
105
106
107

108 La même en employant le point en place de liaison
109
110
111
112
113
114
115
116

MESURES à $\frac{3}{4}$

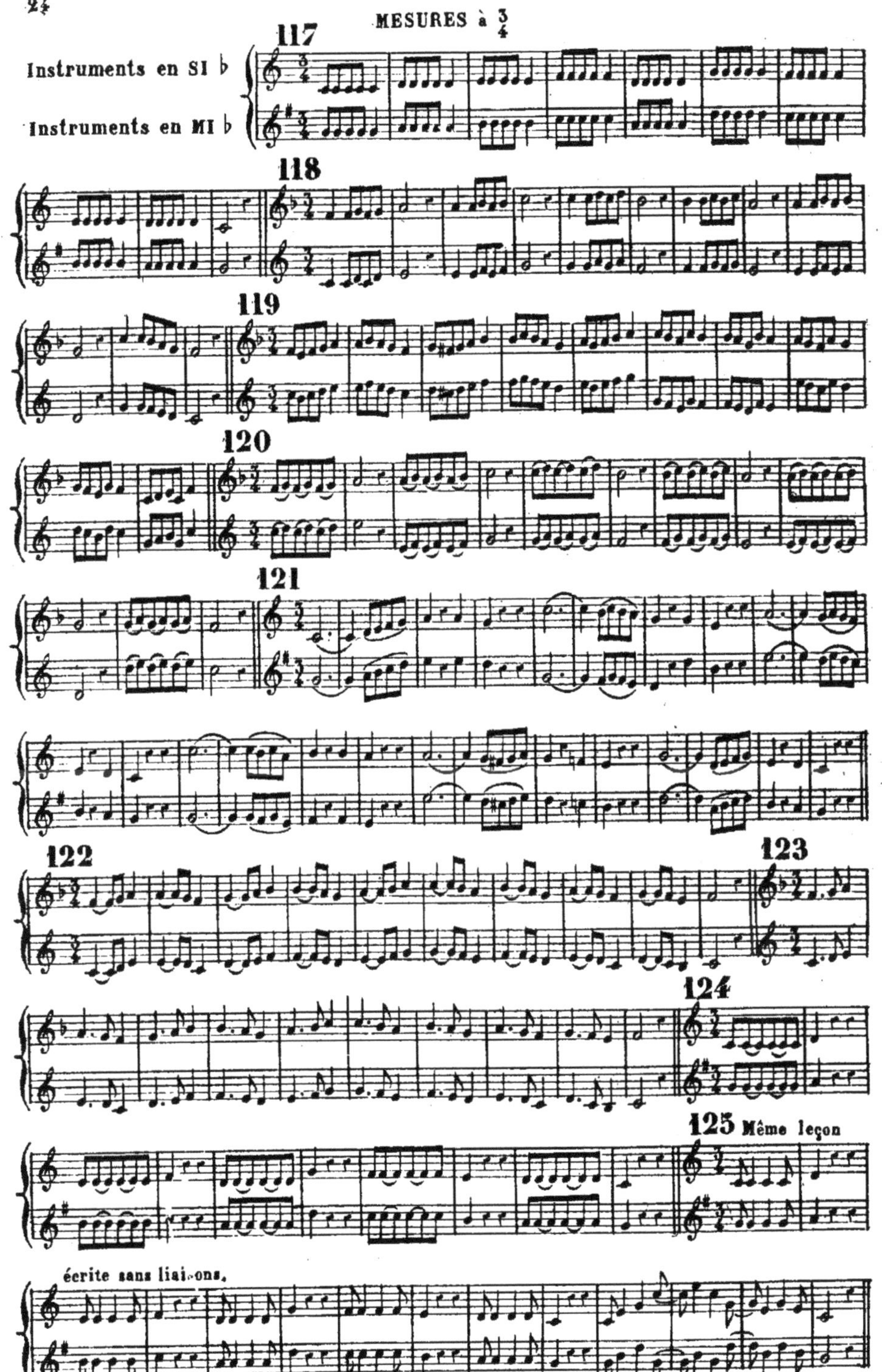

126

127

128

129

130

131

132 La même notée avec des points

133

LEÇONS D'ENSEMBLE
Applications des exercices précédents

136 C de BLAMONT
ff Marziale
mf
ff
cres
cen
do
p

137 Andte
pp
f
138 MAILLOCHAUD
p
Andte legato expressivo
cres
sf
pp

139 HIMMEL

Andante

p pp cres_cen_do ff f

140 HAYDN

Moderato

p sf f

141

Moderato

p f pp

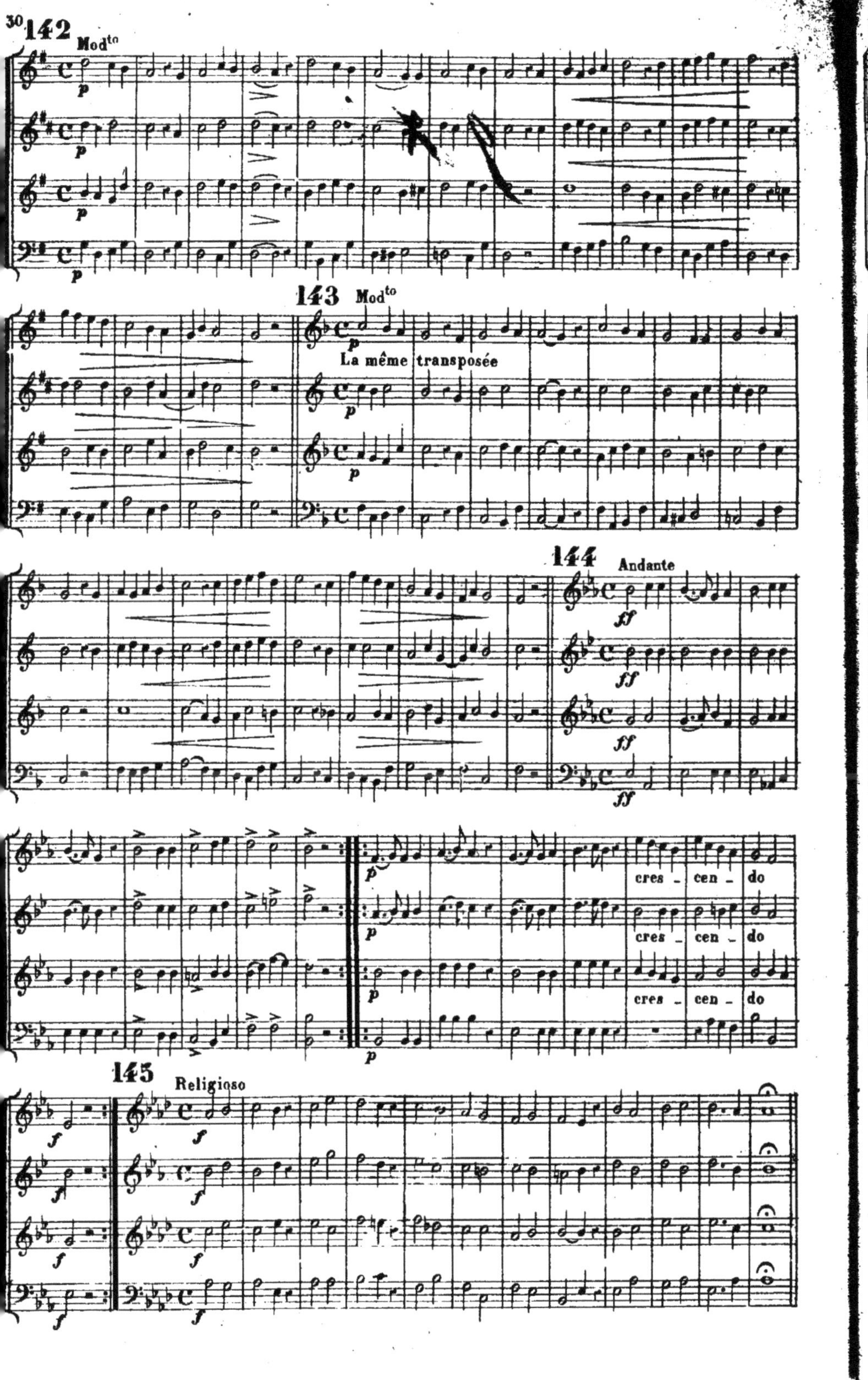
142
Modto
p
143
Modto
La même transposée
p
144
Andante
ff
cres - cen - do
p
145
Religioso
f

146 Andante
p
p
147 Modto
f
f
f
f
f
f
p
p
p

148
RINCK Marcato. très mesuré
mf
mf
149 All° marcato
f
f
f

150 And^te

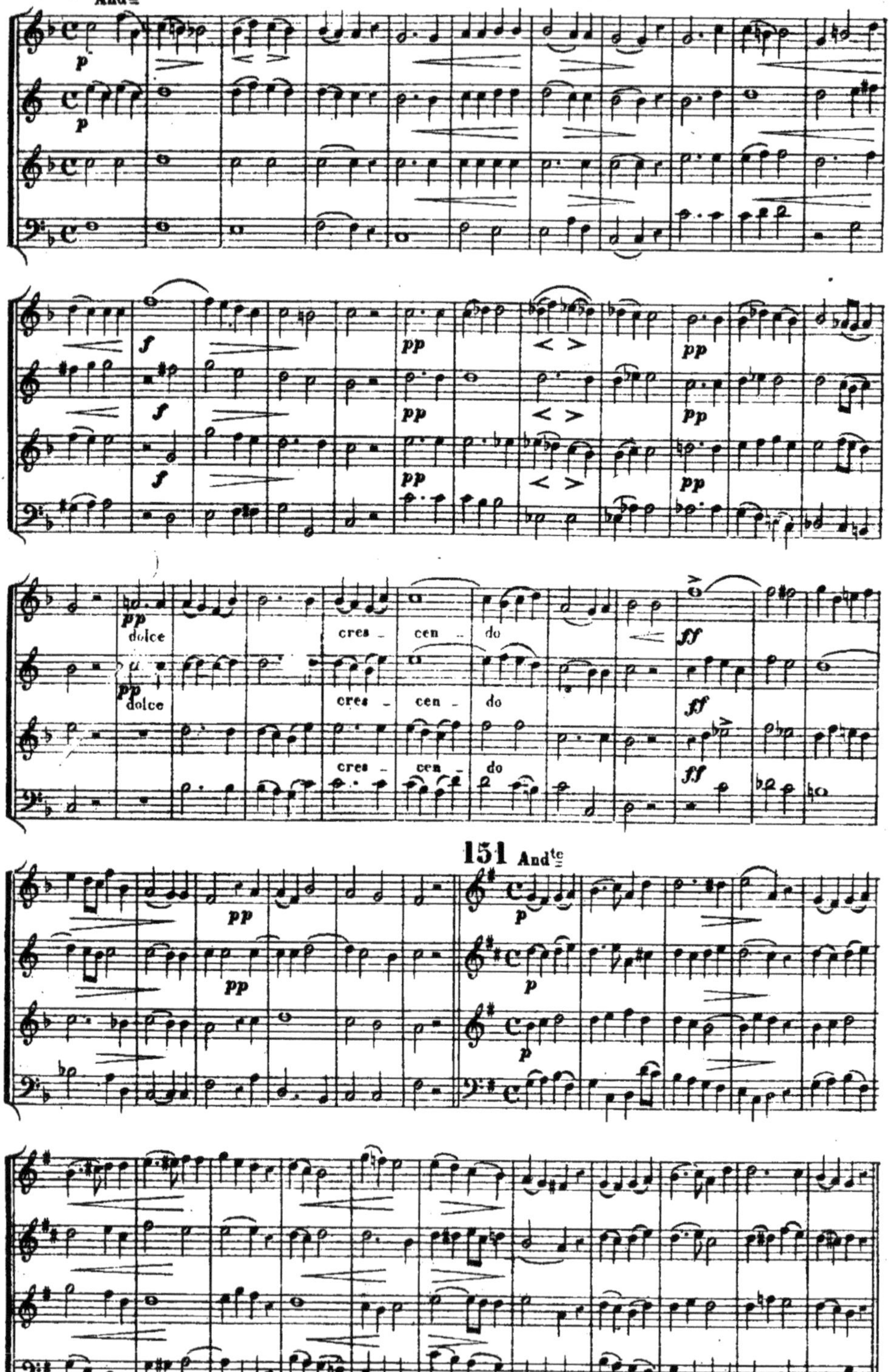
p
p
f
f
f
pp
pp
pp
pp
pp
pp
dolce
dolce
cres - cen - do
cres - cen - do
cres - cen - do
ff
ff
ff
pp
pp
151 And^te
p
p
p

152
HAYDN. Andte express
p
pp
f
153
HAYDN Andte
154
Allo deciso
ff
marcato

155 DUSSEK
Andante
p
mf
156 RAMEAU
Andante
p
sf
pp
cres cen do
f
dim
rall

137 MAILLOCHAUD
Lento
p
pp
f
dim
158 MOZART
Moderato
leggiero
159 All°. Mod^to. POPULAIRE
ff

160 DOUBLES CROCHES

ff

ff

ff

161

f

f

f

162

f

f

f

163 Quart de Soupir

f

f

f

p cres - cen - do

ff

p cres - cen - do

ff

p cres - cen - do

ff

164 VVEBER All°

165 GLUCK Marche Religieuse

166
RODOLPHE
p
Andante
p
cres
cen
do
cres
cen
do
f
f
f
p
p
p
mf
mf
mf
pp
pp
cres
cres
cres
167
Modto
f
f
f

168
RODOLPHE
f Moderato
f
f

169 Mod^to
f
ff
ff
f
170 Moderato
f
p

p cres - cen - do

p cres - cen - do

p

p

mf

mf

p

171 All°

f

f

f

172 All°
ff Bien donner à chaque note sa valeur réelle
ff
ff
ff
ff
ff
173
f Moderato
f
f
f
174 All°
ff
ff
ff
FIN
p
p
p
D.C.

175 MOZART
Maestoso
ff
p
cres _ cen _ _ do
f
mf
f
176 MAILLOCHAUD
p And^te

177 Maestoso

178 Mod^{to}

179 Moderato

180

181 ROSSINI

182 RODOLPHE

ABRÉVIATIONS

Le renvoi 𝄋 indique de revenir à un signe semblable placé avant.
Le DA CAPO (DC) renvoie au commencement du morceau.

MESURES À DIVISIONS TERNAIRES

Mesure à $\frac{6}{8}$ dérivée de la mesure à $\frac{2}{4}$

Applications des exercices précédents.

189 RODOLPHE

190 DALAYRAC

f
p
sf
rall morendo
rall morendo

192
Modto
mf
193
All° Modto
ff RODOLPHE
ff mesure à 12/8 dérivée de la mesure à 4 temps
ff

194
MESURE à 3/8 La croche représente l'unité du temps. (peu usité)
All° Mod^to
p Comparez avec le N° 67
p
p
f marcato
f
f
195
MESURE à deux temps ₵ La blanche représente l'unité du temps.
All°
p Comparez avec le N° 134
p
p
p
196
HAYDN
p All^tto
p
p

ETUDES EN FORMES D'ACCOMPAGNEMENTS

Contre-Temps

200

201

202

203
Moderato
p
p
p
204
Moderato
p
p
p
205
Moderato
mf
mf
mf

206 Allegro
f
f
f
207
pp très légèrement toujours
pp
pp

208
Moderato
pp
pp
pp
cres
cen
do
cres
cen
do
cres
cen
do
209
Moderato
f
f
f
p
p
p
cres
cen
do
f
pp
f
cres
cen
do
f
pp
f
cres
cen
do
f
pp
f

210
Moderato
p
p
p
211
Moderato
p
p
p
cres - - cen - - do
cres - - cen - - do
cres - - cen - - do
f
f
f
ff
ff
ff

212

214
Moderato
p
p
p
215
p Mod^to
p
cres
cen
do
f
p
cres
cen
do
f
f
p
p
p
ff
p
ff
p
ff
p

216
Moderato
pp leggiero
assai
pp
pp
pp
p
p
p

217
Andante
ff
ff
ff
pp
pp
pp
pp

pp
pp
pp
rall
rall

218
Allegretto
p
f
219
C.MARTIN
Allegretto
enchainez
PASTORALE
pp
rall
rall

220 SCHUBERT
Piston Solo
Pistons et Bugles
Altos et Cors
Barytons
Basses
Andante
Le solo est joué la 1ère fois par un Piston
pp legato
pp
la 2ème fois par un Bugle
cres
cen
do
cres
cen
do
cres
cen
do

pp
pp
1e fois
2e fois
pp
pp
moren - do - rall
moren - do - rall
221 SCHUBERT
pp
Andante
pp
pp
cres
- cen - do
decres
cres
decres
cres
decres

GRANDE MOSAIQUE SUR

LE PREMIER JOUR DE BONHEUR

OPERA de D. F. E. AUBER

POUR FANFARE

Arrangée par EMILE PORCHET

Prix net 5 fr:

Parties séparées au choix 30°

Conducteur seul 1fr:

Paris, E. PORCHET éditeur, 28, rue Sévigné.

ORCHESTRATION: Piston Solo, 1.er et 2.d Pistons, Petit Bugle, 1.er et 2.d Bugles, 1.er et 2.d Altos, 1.er et 2.d Barytons, Cors, Saxophones, 1.er 2.me et 3.me Trombones, Basse Solo, Contre-Basses MI et SI, Trompettes, Batterie.

Plus vite
f
mf
solo
rit.
Andantino. (♩= 96) ROMANCE du TÉNOR.
Bugle Solo.
p
suivez.
Saxophones.
Sax: Sop:
Pist:
D
Saxophones.

E
facilité
rit:
suivez.
Tutti.
F Andante.
pp
Andante. (♩ = 58) AIR de DJELMA.
G
Andante. (♩ = 76)
ben sostenuto
mf
mf
rit.
H
Piston Solo.
f

rall:
a tempo.
I
Tromb:
Récitatif.
All? (♩=120)
Pist: Solo
Sax.
p
segue.
ff
Tutti.
mf
Piston Solo
p
rit.
rall.
p
a tempo

segue.
ad lib:
K
Tutti ff
Solo.
pp
Tutti.
Solo.
passage ad lib:
ff
ff
L
Moderato ben legato
p
Baryton Solo.
M
All^o mod^to
ff
deviso.
ff
mf

ff
FINAL. All° (𝅗𝅥=112)
p
cres
cen
do
f
0
ff animato assai.
ff
fff
pressez.

LA GROTTE DE ÇALYPSO.

Fantaisie de Concours.

pour Fanfare ou Harmonie.

avec Saxophones ad libitum.

Par P. AMOURDEDIEU.

Partition et parties séparées 3.fr net.

Parties séparées au choix 15.c net.

Paris. E. PORCHET Ed: 28, Rue Sévigné BIBLIOTHÈQUE DES FANFARES Le Catalogue est expédié fran

Reprise de l'Allegretto page 1
cres
cres
cres
Largo (M ♩= 88)
ff
ff
ff
Andantino (M ♩= 92)
p piu mosso
pp
p
pp très légèrement
Bar: ou Tromb:
p
mf avec expression sans lenteur
p
Pist: et Clar:
mf
rall
sans presser
p

Du même auteur: MIMOSA valse avec introduction net: 1fr 25

Du même auteur: ROULEZ TAMBOURS, SONNEZ CLAIRONS, polka net: 1fr25

LA GRANDE ROUTE

MARCHE

Pour Harmonie ou Fanfare

H. KLING (DE GENÈVE)

ff

p

f

ff

marc.

1a 2a

TRIO

p

Bugles

Fin

1a 2a

ff

1a 2a

p

Bugles

Bugles

D. C. al Fin

www.ingramcontent.com/pod-product-compliance
Ingram Content Group UK Ltd.
Pitfield, Milton Keynes, MK11 3LW, UK
UKHW022116260726
13993UKWH00003B/1051